VENTE

Du Samedi 19 Mars 1881

HOTEL DROUOT, SALLE N° 5

30 TABLEAUX

PAR

F. CHAIGNEAU

<table>
<tr><td align="center">COMMISSAIRE-PRISEUR

Mᵉ LÉON TUAL

39, rue de la Victoire</td><td align="center">EXPERT

M. E. FÉRAL

54, rue du Faubourg-Montmartre</td></tr>
</table>

EXPOSITIONS

<table>
<tr><td align="center">PARTICULIÈRE

Le Jeudi 17 Mars 1881

DE 2 HEURES A 5 HEURES 1/2</td><td align="center">PUBLIQUE

Le Vendredi 18 Mars 1881

DE 2 HEURES A 5 HEURES 1/2</td></tr>
</table>

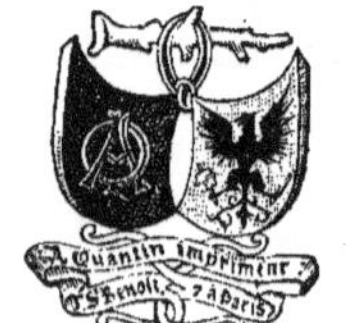
A. Quantin Imprimeur
7 S.t Benoit, 7 à Paris

CATALOGUE

DE

30

TABLEAUX

PAR

F. CHAIGNEAU

DONT LA VENTE AURA LIEU

HOTEL DROUOT, SALLE N°. 5

Le Samedi 19 Mars 1881

A 3 HEURES 1/2 PRÉCISES

PAR LE MINISTÈRE DE **M° Léon TUAL**, COMMISSAIRE-PRISEUR

39, rue de la Victoire

ASSISTÉ DE **M. E. FÉRAL**, PEINTRE-EXPERT

54, rue du Faubourg-Montmartre

EXPOSITIONS

PARTICULIÈRE	PUBLIQUE
Le Jeudi 17 Mars 1881	Le Vendredi 18 Mars 1881

DE 2 HEURES A 5 HEURES 1/2

CONDITIONS DE LA VENTE

Elle sera faite au comptant.

Les acquéreurs payeront 5 pour 100 en sus des adjudications, applicables aux frais.

FERDINAND CHAIGNEAU

Il arrive très souvent, avec l'organisation actuelle des Salons de peinture, qu'on ne peut guère juger du talent d'un artiste que par les expositions partielles qu'il fait de ses œuvres. Et quelle meilleure exposition qu'une vente choisie, composée de tableaux multiples, qui dans leur ensemble montrent bien la valeur d'un peintre, et dont chacun d'eux, pris à part, résume la manière même et le talent de son auteur !

M. Ferdinand Chaigneau, qui, depuis bien des années, est apprécié, à la fois, de la critique et des amateurs, se décide à exposer et à vendre une suite de tableaux agréables et remarquables. Il y a bien long-temps que l'homme et le talent nous sont également sympathiques. Nos meilleurs souvenirs de jeunesse tiennent dans ce village de Barbizon où Chaigneau fut un des premiers à planter sa tente. Élève de Brascassat, épris de la nature, aimant les bois, les forêts, les champs, les animaux, il résidait alors dans le voisinage de J.-F. Millet, de Charles Jacque — deux maîtres hors de pair — et sur le seuil de ce Bas-Bréau que Théodore Rousseau, Jules Dupré et Diaz ont tour à tour étudié. Dès ses premiers tableaux, Ferdinand Chaigneau, peintre de moutons, animalier et naturaliste, avait dégagé franchement sa personnalité. Il y avait déjà un grand charme et un rare sentiment de la vérité dans ses troupeaux paissant dans la plaine de Chailly ou grimpant à travers les roches de la forêt.

Mais, d'année en année, le talent est devenu plus robuste encore sans perdre de son agrément, et, à mon sens, les tableaux de Chaigneau réunissent toutes les qualités voulues pour plaire aux artistes par une sincérité de bon aloi et pour séduire le public. Ce sont des scènes rustiques, très simples et très attirantes que le paysagiste de Barbizon se plaît à reproduire en ses tableaux. C'est un troupeau rentrant au coucher du soleil, une cour de ferme où les moutons reviennent, un *pâtis* aux grands horizons, avec la silhouette grise de quelque village, Barbizon ou Marlotte, la tour carrée d'une petite église, la poésie intime de ce coin de terre où Murger a vécu, qu'il a célébré, que j'ai connu si *rural,* si attirant, et qui s'est terriblement parisianisé depuis Millet, Charles Jacque et les premiers tableaux de Ferdinand Chaigneau.

Je ne doute pas de l'attrait qu'aura pour les amateurs une vente pareille à celle-ci. Ce ne sont point des *morceaux*, des *études* déguisées sous le nom de tableaux que M. Chaigneau soumet à l'appréciation du public. Ce sont des tableaux achevés qui, grands ou petits, ont toutes les qualités de l'œuvre composée ou menée au point de perfection que chaque artiste, selon son tempérament, doit rêver. M. Chaigneau n'est pas un *impressionniste*, quoique son impression soit toujours juste, son œil très sain et très bien servi par sa palette; c'est un artiste consciencieux qui peint ce qu'il voit, non point par taches seules, mais tel qu'il le voit, avec des contours et des couleurs. Il compose et il dessine, grandes vertus, quoi qu'on en dise. Être un artiste, c'est voir, choisir et grouper.

Les moutons de Chaigneau, ses paysages, ses coins de bois, ses plaines, ses bergers, vont donc être dispersés en vente publique. Le peintre y gagnera, en dehors même de tout produit, d'avoir pu montrer une aussi remarquable collection de toiles très personnelles et très attirantes et, par conséquent, en dehors de toute exposition où le nombre écrase la personnalité, d'avoir pu faire remarquer son originalité propre. C'est à ce titre que je signale la vente d'un paysagiste de la bonne

*

école, d'un naturalisme solide et sincère que je louerais avec la même sincérité, alors même qu'il ne serait pas mon ami, et un vieil ami.

Jules CLARETIE.

8 mars 1881.

DÉSIGNATION

1. — Le sentier de la Barbizonnière.

H., 0^m,60. L., 0^m,81.

2. — Le montoir de Saint-Martin.

H., 0^m,60. L., 0^m,81.

3. — Le carrefour de l'Épine.

H., 0^m,53. L., 0^m,65.

4. — Un sentier dans le Bas-Bréau.

H., 0^m,38. L., 0^m,46.

5. — La porte aux Vaches (Barbizon).

H., 0^m,38. L., 0^m,46.

6. — La rentrée à la ferme.

H., 0^m,26. L., 0^m,20.

7. — Brebis et son agneau.

H., 0^m,18. L., 0^m,22.

8. — Le sentier des Brûlis.

H., 0^m,27. L., 0^m,40.

9. — Le chemin de la Belle-Marie.

H., 0^m,28. L., 0^m,44

10. — Moutons autour d'une meule.

H., 0^m,09. L., 0^m,20.

11. — Le chemin de Fleury.

H., 0^m,09. L., 0,20.

12. — Le parc à moutons.

H., 0^m,37. L., 0^m,61.

13. — Aux champs.

H., 0^m,15. L., 0^m,20.

14. — La Barbizonnière; soleil couchant.

H., 0^m,65. L., 0^m,81.

15. — Temps d'orage.

H., 0^m,16. L., 0^m,24.

16. — Une rue d'Arbonne, après la pluie.

H., 0^m,16. L., 0^m,24.

17. — La plaine de Barbizon.

H., 0^m,26. L., 0^m,44.

18. — Vue d'Arbonne.

H., 0^m,16. L., 0^m,24.

19. — Lever de Lune.

H., 0^m,16. L., 0^m,24.

20. — La plaine.

H., 0^m,16. L., 0^m,24.

21. — La rue de Barbizon.

H., 0^m,24. L., 0^m,35.

22. — Le repos.

H., 0^m,19. L.,0^m,24.

23. — La mare d'Arbonne.

H., 0^m,24. L., 0^m,35.

24. — Vaches et moutons.

H., 0^m,26. L., 0^m,30.

25. — Soleil couchant.

H., 0^m,46. L., 0^m,24.

26. — La bergère aux champs.

H., 0^m,46. L., 0^m,24

27. — Temps gris.

H., 0^m,26. L., 0^m,33.

28. — Moutons aux champs.

H., 0^m,24. L., 0^m,35.

29. — Le bois des Brûlis.

H.. 0^m,53. L., 0^m,65.

30. — Paysage et moutons.

H., 0^m, . L., 0^m, .

PARIS. — Impr. J. CLAYE. — A. QUANTIN et Ce, rue St-Benoît. — [392]

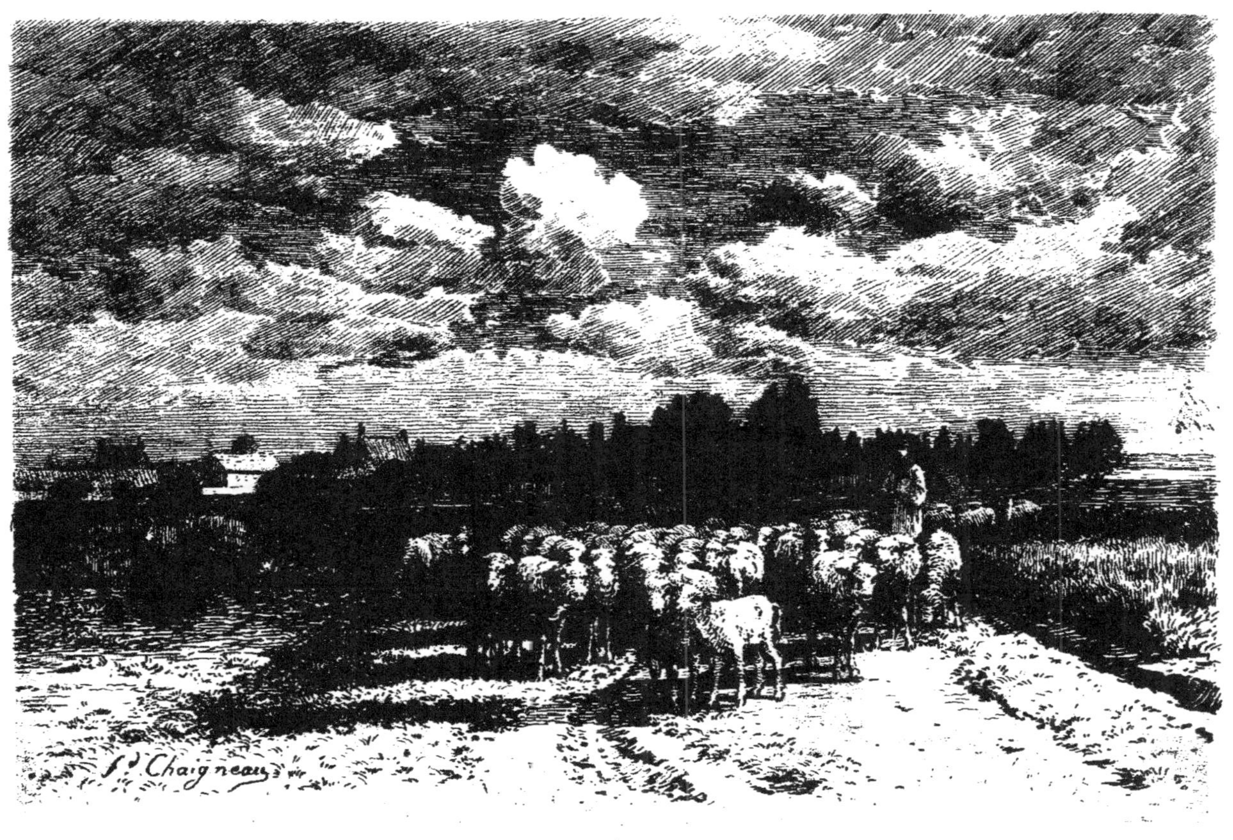
J. Chaigneau